RÉPONSE
D'UN ÉLECTEUR

DU

DÉPARTEMENT DE SEINE-ET-MARNE,

AUX CIRCULAIRES

DE MESSIEURS

Joseph Avbernon, ex-préfet, et Baillot.

RÉPONSE
D'UN ÉLECTEUR

DU

DÉPARTEMENT DE SEINE-ET-MARNE,

AUX CIRCULAIRES

DE MESSIEURS

Joseph Aubernon, ex-préfet, et Baillot,

PAR HENRI J. MARÉCHAL.

ANCIEN CAPITAINE DE DRAGONS.

PARIS.

IMPRIMERIE ANTHELME BOUCHER,

RUE DES BONS-ENFANS, N°. 34.

1828.

RÉPONSE
D'UN ÉLECTEUR
DU
DÉPARTEMENT DE SEINE-ET-MARNE,
AUX CIRCULAIRES
DE MESSIEURS
Joseph Aubernon, ex-préfet, et Baillot.

MESSIEURS,

Vous m'avez fait l'honneur de m'écrire chacun, séparément, une lettre imprimée pour m'assurer que je ne saurais faire un meilleur choix qu'en vous nommant à la place de M. Royer-Collard l'ubiquiste, et la politesse exigerait peut-être que j'adressasse une réponse à chacun de vous; mais *j'aime à penser* que vous voudrez bien prendre en considération la grande difficulté pour moi de copier deux fois de suite la longue lettre ci-jointe, et que vous m'excuserez si ma réponse se trouve être ainsi collective.

D'abord, Messieurs, il me paraît très difficile, permettez-moi de vous le dire, de faire un choix entre deux choses également bonnes. Tous deux, vous nous promettez d'être incorruptibles, de n'accepter ni places ni faveurs du ministère, quel qu'il soit, tant que vous serez députés; de vous opposer de tout votre pouvoir aux empiétemens des influences théocratique (1) et étrangère; de défendre les prérogatives royales avec le même soin que les libertés du pays; enfin, de ne jamais varier dans vos principes, que nous sommes, nous, électeurs, censés connaître parfaitement.

Voilà qui va le mieux du monde; et comme vous êtes sans doute les premiers qui, depuis 1789, promettiez, soit de vive voix, soit par écrit, de ne jamais changer et de demeurer inaccessibles aux séductions du pouvoir; puisque nous avons vu jusqu'ici presque tout le monde, entre autres un grand orateur, abjurer le lendemain du 19 les principes de la veille: comment voulez-vous que je puisse me décider entre vous deux? Il faut cependant que j'opte pour l'un ou pour l'autre, il n'y a pas de milieu, si quelqu'autre aussi bon que vous, c'est-à-dire meilleur, ne se présente pour trancher la difficulté! Est-ce que vous n'auriez pas pu, dans l'un de vos scrutins préparatoires (que sans doute quelque loi que j'ignore vient d'autoriser, puisque j'apprends qu'ils existent sans que les tribunaux y prennent garde), est-ce que vous n'auriez pas pu, dis-je, m'épargner

(1) Je n'ai pas bien compris ce mot dans votre lettre, car assurément vous ne voulez pas dire que le gouvernement de Dieu soit un mauvais gouvernement, ni que son influence soit une influence *déplorable*. Pourriez-vous m'expliquer ce que vous avez voulu dire?

cet embarras, comme le *Constitutionnel* l'a fait pour toute la France à l'époque des dernières élections ? Cet excellent journal avait *réuni* dans ses bureaux, en très grande majorité, des électeurs de tous les départemens, et là, se sont décidés les choix pour tout le pays. C'était en vérité, Messieurs, une excellente idée que cette réunion à Paris de la *matière électorale*. Quelle peine cela n'a-t-il pas épargné, j'en suis certain, à tant de pauvres électeurs, qui, sans contredit, eussent été fort embarrassés, n'ayant sous la main que les candidats de leur endroit, qui ne sont après tout que de bons citoyens et des sujets fidèles.

Mais le *Constitutionnel* aurait bien dû, Messieurs, achever son ouvrage ; il a manqué de prévision dans l'affaire de M. Royer-Collard l'ubiquiste, et maintenant, au lieu de réparer sa faute, il nous dit sèchement de nous en tirer comme nous pourrons. Cela n'est pas du tout loyal ; j'ai besoin, moi, d'être guidé dans mon choix, et puisque le *Constitutionnel* n'a pas voulu m'éclairer dans cette importante affaire, j'ai pris le parti de consulter une de mes anciennes connaissances. Or, voici la réponse que j'en ai reçue : elle ne fait qu'augmenter ma perplexité ; car elle a, plus que jamais, jeté des doutes et de l'incertitude dans mon esprit, parce qu'au bout du compte, elle ne me dit pas : nommez Jean, nommez Paul, comme l'ont fait, il y a quatre mois, les vrais journaux royalistes, tels que le *Constitutionnel*, le *Courrier*, les *Débats*, etc. Dans tous les cas, Messieurs, voici cette lettre ; peut-être qu'en la copiant j'y trouverai ce que je cherche.

Paris, le 7 Mars 1828.

Monsieur,

J'ai reçu la lettre que vous m'avez adressée le 3 mars, pour me demander de vous éclairer de mes conseils sur le choix d'un représentant de l'arrondissement de Melun, en remplacement de M. Royer-Collard. Je m'étonne, Monsieur, que vous demandiez des conseils dans une affaire semblable, où le bon sens tout seul suffit pour nous guider; mais puisque vous voulez absolument avoir recours à mes faibles lumières, je m'empresse, Monsieur, de vous faire connaître mon opinion à ce sujet.

Les deux candidats qui se présentent sont, je n'en doute pas, puisque vous l'affirmez, et que chacun leur rend cette justice, de fort honnêtes gens; mais ce titre d'honnête homme est une condition indispensable à quiconque postule un emploi. Quelle que soit la bannière sous laquelle on est enrôlé, quels que soient les principes que l'on professe, il faut, avant tout, être homme irréprochable dans ses rapports avec ses concitoyens. L'homme public, encore plus que l'orateur de Quintillien, doit toujours être un homme de bien. Ainsi, puisque la qualité d'honnête homme est nécessaire dans tous les partis, elle ne saurait donc être un titre suffisant, soit pour les uns, soit pour les autres : il faut encore d'autres qualités. Ce n'est donc pas là que gît la question, ce n'est donc pas là qu'il faut s'arrêter.

Dans un gouvernement représentatif tel que le nôtre, les députés de la nation, chargés de défendre, au moyen de la portion de pouvoir que leur a délégué la Charte et les prérogatives du trône, et les libertés du pays, doivent être pris parmi les hommes dont les opinions présentes et le actes antérieurs sont une garantie de leur dévouement à la famille royale, et de leur attachement aux institutions qu'elle nous a données.

Ces institutions, que nous devons à la sagesse paternelle de nos rois, sont un bienfait dont personne avant eux n'a pu, n'aurait pu même nous faire jouir. Otez le Roi, la Charte tombe, et notre bonheur, notre repos, le calme même dont nous jouissons encore tombent avec elle. L'exemple du 20 mars atteste cette vérité : celui du 21 janvier l'avait attestée de même.

Il résulte de ceci, Monsieur, 1o. que plus on est sincèrement attaché à la Charte, plus on ne veut *ni plus ni moins qu'elle ne veut*, plus aussi l'on doit être dévoué de cœur et d'âme à la famille de nos rois légitimes.

2o. Que pour que le serment prêté par les députés inspire une solide confiance, il faut que l'on sente toute la force et la sainteté d'un serment qui ne saurait avoir d'autre base que la religion. *Initium sapientiæ timor Domini.* Vous avez vu que si tant de sermens ont été violés depuis 1789 jusqu'à nos jours, c'est que ceux qui les faisaient ne croyaient pas que ces sermens les liaient aussi bien devant Dieu que devant les hommes.

3°. Qu'il faut écarter avec soin du pouvoir et surtout de celui de faire des lois, le plus grand, le plus saint des pouvoirs, quiconque pourrait le moins du monde être atteint du soupçon de n'aimer pas le Roi.

Vous voyez, Monsieur, que cette tâche qui vous semblait si difficile, commence à se simplifier : vous voilà déjà fixé sur la qualité principale de l'homme que vous devez honorer de votre choix : professer l'amour du Roi et de la légitimité, parce que, je le répète : *Point de légitimité, point de Charte.* Il ne s'agit donc plus que de reconnaître cette qualité dans les candidats qui se présentent.

Mais je pressens votre objection : tous les candidats protestent de la pureté de leurs principes! Je le sais bien, Monsieur; je sais qu'il serait difficile ici de découvrir la vérité, car Dieu seul connaît le fond des cœurs, si nous n'avions d'autre guide que les protestations de chacun. Mais la Providence n'a pas voulu que l'homme pût jamais être malheureux par le seul effet du hasard. Elle a placé, soit dans les actions, soit dans le langage de chaque individu, comme des signes qui servent à le faire reconnaître. C'est ainsi que l'on aperçoit dans les traits de l'homme dont les penchans sont vicieux, les preuves écrites de sa turpitude. Il ne faut qu'y regarder pour les lire.

Un homme a-t-il exercé déjà des emplois publics? S'il les exerça sous la république, ensuite sous le despotisme impérial, et qu'il se vante aujourd'hui de vouloir mettre un frein aux envahissemens du pouvoir, au lieu de parler de son dévouement au Roi..... Si tous ses discours, tous ses écrits sont pleins de vaines déclamations contre le despotisme que la république et Bonaparte nous ont si bien fait connaître, tandis qu'il n'exista jamais sous nos rois; si vous le voyez s'attacher à faire prévaloir les doctrines des écrivains qui prennent à tâche de couvrir chaque jour d'opprobre la mémoire et l'administration des descendans de saint Louis et surtout la mémoire de Louis XIV; s'il parle tout-à-la-fois des libertés nationales et de la gloire de l'empire, ne le croyez pas, car c'est un homme qui cache son bonapartisme, c'est-à-dire son amour pour le prétendu roi de Rome, sous le voile du libéralisme; c'est un homme qui veut détruire la Charte après avoir renversé le Roi. En effet, Monsieur, comment peut-on avoir un amour si vif de la liberté, quand on est l'admirateur d'un tyran? Sa gloire, dites-vous, cachait nos fers sous des monceaux de lauriers!... Oui, mais ils étaient sanglans, ces lauriers..... Et puis, que vous ont-ils valu? Quel bonheur ont-ils procuré pour le peuple! Ah! la gloire de Louis XVIII, d'un roi législateur, est bien plus belle! elle est surtout bien plus durable! Eh! ne lui devons-nous pas cette incroyable prospérité de la France? Chacun ne jouit-il pas en paix de son bien, de son industrie, de sa liberté, de ses actions? Et c'est dans un moment semblable que tant de bouches s'ouvrent pour demander la liberté!... Et la masse de la nation serait assez insensée pour regarder comme ses plus vrais défenseurs ceux qui sont encore stigmatisés des fers du despotisme de Bonaparte.

Vous reconnaîtrez aisément cette espèce de candidats, d'abord à leur langage, ensuite aux amis dont ils s'entourent, aux hommes dont ils arborent la bannière!

Ceux qui foulèrent aux pieds la Charte dans les cent jours au lieu de la défendre et de défendre avec elle le roi qui nous la donna; ceux qui proscrivirent les Bourbons au nom de la liberté, tout en signant l'acte additionnel; ceux qui demandèrent aux étrangers un roi quel qu'il fût, pourvu que ce ne fût pas un Bourbon; ceux qui proclamèrent Napoléon II; ceux qui demandaient au conseil des Cinq-Cents (1) qu'on appliquât à des malheu-

(1) Il existe en ce moment à la Chambre un député portant, je crois, le même nom qu'un ancien membre du conseil des Cinq-Cents. On peut voir dans les *Mémoires des Contemporains*, quatrième livraison, que l'homonyme du député actuel vota, dans la séance du 11 floréal an VII,

reux jetés par la tempête sur les côtes de France, la loi contre les émigrés, quoique ces infortunés eussent été deux fois acquittés par les tribunaux; tous ces hommes, dis-je, ne sauraient être des chefs auxquels il soit permis de se rallier, dont il soit honorable de revendiquer la conformité de principes, quand on se dit les amis du Roi, les partisans de la Charte. Prenez donc, Monsieur, une Biographie des Contemporains; lisez la vie des hommes dont quelques candidats se font un honneur de suivre les principes, et vous verrez que ces hommes ne sont pas plus partisans de la Charte qu'ils ne sont les amis du Roi.

Il est des candidats qui n'ont jamais occupé d'emplois; inaperçus dans le monde politique, on ne saurait les juger d'après leurs actes; mais on peut leur appliquer également la règle que je vous

---

pour renvoyer devant une commission militaire, M. le duc de Choiseul et ses quarante-six compagnons d'infortune, quoiqu'une commission militaire les eût absous en l'an IV, et que le directoire, sur les rapports de Jourdan (des Bouches-du-Rhône) et de Portalis, eût prononcé depuis que les naufragés de Calais seraient déportés sur un territoire neutre. Il est fort désagréable de porter un tel nom, surtout quand à la ressemblance de ce nom, se joint la circonstance d'être du même pays; mais il serait bien plus malheureux encore d'être l'ancien membre du conseil des Cinq-Cents. S'il en était ainsi, que penser de ceux qui appellent de telles élections des élections royalistes!!!

donné plus haut, celle qui consiste à les juger sur leur langage et la bannière qu'ils déploient. Ainsi, par exemple, ils vous diront, qu'ils veulent demander la mise en accusation du dernier ministère, parce qu'il a, prétendent-ils, compromis la sûreté du trône, ébranlé le crédit de l'État, anéanti les sources de la prospérité publique, corrompu tout ce qu'il a touché, violé les lois du royaume, porté de graves atteintes à nos libertés, etc., etc. Assurément, Monsieur, il n'est pas un cœur honnête, pas une âme généreuse, dans toute l'étendue de la France, qui ne se hâtât d'élever une voix accusatrice contre un tel ministère; mais sont-elles fondées ces accusations? Examinons-les avec soin.

Depuis la seconde restauration, jusqu'en 1822, nous avons eu plusieurs ministères, tous plus ou moins libéraux et qui cependant n'ont pu se soutenir. Il est remarquable que ce soit précisément sous ces ministères, que j'ai raison d'appeler plus ou moins libéraux, puisque la plupart des membres qui les composaient sont aujourd'hui les alliés des hommes de la gauche, assez improprement appelés libéraux; il est remarquable, dis-je, que ce soit sous ces différens ministères, que l'on ait vu les conspirations des patriotes de 1816, Pleignier, Carbonneau et Tolleron; de Desbans et Chayaux dans la garde royale; de Valin à Toulon; de Nantil au 19 août 1820; l'assassinat de l'infortuné Duc de

Berri, la révolte de Berton à Saumur, enfin le plus infâme de tous les crimes, le plus anti-français, le plus odieux, celui de Gravier (1)..... Demandez aux accusateurs du ministère qui vient de

---

(1) Que l'on dise si l'on veut comme on l'a si sottement dit de celle de La Rochelle, que toutes ces conspirations sont fausses, qu'importe! ce seraient donc les ministères antérieurs à 1822 qu'il faudrait accuser de félonie pour avoir imaginé ces moyens infâmes de perpétuer le pouvoir dans leurs mains. Mais le crime de Louvel et l'exécrable attentat de Gravier qui voulait faire périr dans le sein de sa mère, l'être innocent que le poignard de Louvel ne put atteindre, ne sont-ils pas réels? Pourra-t-on les nier? Étaient-ils jésuites ces deux hommes? Non; le dernier avait été capitaine de lanciers; et les mêmes journaux qui crient tant contre la police pour les malheurs du 19 novembre, ont-ils alors fait entendre ces véhémentes déclamations contre les assassins des royales victimes?... Non; ils en parlaient froidement comme de la chute d'un mur qui se serait écroulé à la Chine. Ils ont même tâché de disculper Gravier, ce Gravier, dans les poches duquel M. Anglès, alors préfet de police, trouva et lut devant M. le maréchal Macdonald quatre vers infâmes contre les Bourbons, auxquels on promettait... Ma plume ne saurait achever... Ah! si le crime du 21 janvier fait gémir tous les cœurs vraiment français; il en est malheureusement encore quelques-uns qui sont prêts à renouveler ce crime abominable. Les vers dont je parle le prouvent. Une dixaine de petits papiers, tous pliés en différentes formes, contenaient chacun une fois ces quatre vers. Plusieurs mains semblaient en avoir tracé l'écriture.

tomber comment il se fait que la France ait été tranquille depuis 1822 et que l'agitation n'ait reparu qu'au moment où ce ministère allait succomber sous les coups qu'on lui portait de toutes parts ? Demandez-leur comment il se fait que l'on voie à la tête de l'opposition contre le ministère Villèle, celui dont une bouche éloquente a dit que le pied lui avait glissé dans le sang ? Il est donc faux que le ministère ait compromis la sûreté du trône. S'il l'a fait, les royalistes seuls ont le droit de s'en plaindre ; mais aujourd'hui tous doivent se réunir contre leur ennemi commun, la révolution qui reparaît plus menaçante que jamais, quoi qu'en ait dit un homme de bien (1).

Le crédit de l'État ébranlé..... Mais en vérité,

---

(1) En parlant ainsi, l'on ne saurait m'accuser d'être partie intéressée, car, destitué, privé de mon état, de tous mes droits, malgré mon dévouement connu, pour une faute qui ne méritait pas un tel châtiment et qu'il m'était presqu'impossible de ne pas commettre, ce n'est pas ici ma cause particulière que je soutiens. Le ministère de M. le comte de Villèle ne m'a fait aucun bien et m'a fait beaucoup de mal. Une injustice particulière ne prouve rien contre un ministère. J'étais trop obscur, j'avais trop peu d'importance pour qu'on m'ait privé de mes droits par suite d'un système prétendu de corruption et d'iniquité : c'est un malheur et voilà tout. Une offense personnelle ne me fera jamais oublier ce que je dois aux principes qui m'ont dirigé pendant toute ma vie. *Amicus Plato, amicus Aristoteles, sed magis amica veritas.*

Monsieur, c'est là de la folie, si quelque chose au monde mérite ce nom; car qu'est-ce que le crédit de l'État, si ce n'est la confiance des prêteurs? Or, je vois qu'avant 1822, les prêteurs ne donnaient que 87 fr. pour avoir 5 fr. de rente, et qu'ils en donnent aujourd'hui 104.

Les sources de la prospérité publique anéanties... Mais je vois que l'industrie et le commerce ont doublé leurs produits dans toutes les branches, et les ont triplés, quadruplés même dans quelques-unes. Il vous sera facile d'en acquérir la preuve, en lisant le relevé des droits d'entrée et de sortie, des primes d'importation et d'exportation, du tonnage des vaisseaux expédiés de nos ports, enfin des expéditions faites par nos villes manufacturières depuis 1822 jusqu'à ce jour.

Mais le déficit de 200 millions, me direz-vous? Le ton que j'ai pris en vous répondant, Monsieur, m'impose par sa gravité le devoir de ne pas répondre à cette plaisanterie de M. Roy, plaisanterie qui sied mal à son âge, à son caractère, à son rang. Relisez avec attention le compte qu'il vient de présenter à la Chambre, et vous verrez que c'est à-peu-près comme s'il avait dit : Messieurs, il existait une dette que M. l'abbé Louis n'avait pas payée, que M. Corvetto n'avait pas payée, que je n'ai pas payée quand j'étais ministre, que M. de Villèle n'a pas payée, et qu'il faut, *en conséquence*, mettre au compte de ce dernier.

Ajoutez à cette somme ce qui nous est dû par l'Espagne, c'est-à-dire mettez une *créance* sur le même rang qu'une *dette*; mettez au bas de ces deux sommes celle dont je vous propose d'augmenter le budget de cette année, vous aurez un total de 200 millions que nous appellerons un DÉFICIT, afin d'effrayer la multitude qui ne voit que les mots.

Laissez, Monsieur, laissez aux gens qui ne vivent que de troubles, qui ne se plaisent que dans le désordre, qui n'ont de bonheur que dans la calomnie, la triste jouissance d'exploiter au profit de leurs passions ce mot *déficit* si propre à soulever les esprits en faisant naître les craintes.

Le ministère a corrompu tout ce qu'il a touché... Voudriez-vous bien me dire, Monsieur, ce que cela signifie? Pour moi, j'avoue que je n'y comprends rien, jusqu'à ce que le député qui dernièrement a tant parlé d'honneur, de loyauté, de franchise, m'explique ce que cela veut dire. Peut-être a-t-il voulu par-là nous peindre cet art heureux qu'il possède éminemment, de représenter une bonne action comme un crime; car c'est ainsi qu'il entretint l'été dernier un nombreux auditoire de l'acte arbitraire et barbare d'un colonel qui, suivant lui, dans une des villes de la zône obscure de M. Dupin, aurait fait crucifier un soldat aux rayons d'un soleil brûlant (1).

(1) Ce colonel fut le mien; c'est à lui que je dois l'acte rigoureux qui m'a frappé dans le mois de mai dernier. Ici

On a violé les lois du royaume.... porté de graves atteintes à nos libertés.....

Dans une accusation semblable, Monsieur, lors-

---

donc encore la question est tout-à-fait pour moi dépourvue d'intérêt personnel. Le fait est qu'un dragon nommé Briquet, puni de la salle de police, et conséquemment obligé d'aller au peloton de punition, refusa plusieurs fois de prendre sa carabine. Exhortations, promesses, menaces, tout avait été vainement employé. Fallait-il compromettre la discipline militaire et la force morale des chefs en cédant à l'obstination de cet homme? Je ne pense pas que l'orateur dont je parle osât le soutenir. Fallait-il dresser contre ce militaire une plainte qui pouvait le conduire au supplice? Le pays venait d'être récemment affligé par le spectacle d'une ou deux exécutions militaires. Le colonel crut faire bien, et fit bien à mon avis, en conciliant tout-à-la-fois ce qu'il devait d'une part à la discipline, de l'autre à l'humanité. L'officier de service reçut l'ordre de faire prendre cet homme par la garde, de l'attacher, pendant tout le temps du pansage, sous les yeux de ses camarades, et de faire mettre sa carabine à ses pieds en lui disant qu'aussitôt qu'il manifesterait l'intention de la prendre, on le détacherait. L'ordre fut exécuté : Briquet plaisanta beaucoup d'abord et finit par avaler le tabac qu'il mâchait. Cette substance agit bientôt sur son estomac et le fit vomir. On le détacha sur-le-champ; on le porta dans une cantine : une heure après il se portait bien; mais comme la chose s'était passée presqu'à la porte du quartier, quelques personnes en avaient été les témoins; elles la racontèrent, et le récit passant de bouche en bouche en s'augmentant outre mesure, comme de coutume, le lieutenant-général en fut bientôt informé. Il se rendit sur-lequ'il s'agit d'intérêts si graves, il serait bon de spécifier quelles sont les lois que l'on a violées. Je ne sache pas, qu'à l'exception de l'art. 12 de la Charte, bien formellement violé par la loi du recrutement, sous le ministère du maréchal Gouvion-Saint-Cyr; je ne sache pas qu'on ait sciemment et littéralement violé la Charte. Veut-on parler de la présence de quelques religieux en France? Quelles sont donc les lois qui leur défendent d'y paraître? Il n'existe que celles portées par le parlement; mais si vous allez puiser dans cet arsenal, où vous arrêterez-vous? Faudra-t-il brûler les francs-maçons? Faudra-t-il brûler les œuvres de Voltaire, de Rousseau, de tant d'autres que l'on réimprime tous les jours sous tous les formats, et que le parlement faisait flétrir par la main du bourreau? Faudra-t-il condamner, aux peines portées par le parlement, les éditeurs de ces œuvres? On ne saurait donc, Monsieur, invoquer ici l'au-

---

champ au quartier, où la vérité lui fut connue. Pas une plainte ne lui fut portée. Dès le lendemain la ville entière savait que tous les bruits répandus la veille étaient faux. L'orateur dont nous parlons a dû connaître ces détails; s'il ne les a pas connus, il était de son devoir de prendre des renseignemens exacts avant de porter une telle accusation; mais il valait bien mieux faire *mousser* cette affaire afin de briller devant un nombreux auditoire, et surtout afin de démontrer quels monstrueux abus dévoilait la liberté de la presse!!!... Et puis on dit: Honneur, loyauté, franchise!

torité du parlement. La Charte est notre unique règle ; c'est dans la Charte que sont les fondemens de toutes les lois nées depuis sa promulgation, ou qui naîtront par la suite. Or, la Charte, ne disant pas un mot des jésuites, établissant, au contraire, en *principe* la tolérance religieuse, il est évident qu'on ne saurait, sans violer tout-à-la-fois, et la liberté individuelle et la liberté religieuse, persécuter ceux qu'on appelle *jésuites* pour leurs opinions ou leur manière d'adorer Dieu. S'il est permis, en France, de se faire mahométan, juif, athée, à plus forte raison doit-il être permis de suivre à sa manière la religion catholique, apostolique et romaine, déclarée religion de l'État par la Charte.

Dira-t-on qu'il faut appliquer aux jésuites l'article du Code, qui défend les réunions de plus de vingt personnes ? Mais d'abord il paraît que sur ce point les tribunaux sont d'une grande tolérance, puisque je vois de tous côtés des réunions de plus de vingt, non pas d'hommes pieux, charitables, s'occupant d'aumônes à faire, d'infortunés à consoler; mais d'hommes se rassemblant pour discuter sur des objets du ressort de la politique et de l'administration, choses qui sont précisément ce que le législateur avait en vue d'empêcher, afin d'éviter les troubles, les résistances que ces assemblées peuvent faire naître; en un mot, pour qu'il n'y ait pas d'autre gouvernement que le gouvernement établi.

Ces religieux vous demandent-ils une autorisation, une espèce d'existence qui leur donne des droits sur ceux de leurs membres que le repentir, les regrets ou d'autres causes feraient renoncer à leurs vœux? Non, me direz-vous. Alors que vous importe donc? chacun n'est-il pas libre de vivre à sa guise, en se conformant aux lois de l'État? Étrange aveuglement, ou plutôt déplorable fureur de l'esprit de parti!..... On parle de liberté, d'indépendance, de droits, et l'on veut empêcher à quelques hommes de se réunir pour prier Dieu!....

Je ne veux point ici, Monsieur, traiter cette question des jésuites et de la congrégation, dont on a fait un véritable épouvantail qui serait ridicule s'il n'était pas atroce; cela vous ennuierait et me mènerait trop loin. Mais vous avez trop de bon sens pour ne pas voir qu'au nom de la tolérance et de la liberté, l'on appelle véritablement l'esclavage et la proscription sur une classe d'hommes, contre lesquels on ne peut rien articuler, si ce n'est qu'ils portent le trouble dans les royaumes et se font les assassins des rois, accusation du moins très singulière dans la bouche des partisans de la révolution et des admirateurs de la convention de régicide mémoire.

Vous voyez, Monsieur, que j'avais raison de vous dire plus haut que, même pour les hommes qui n'ont jamais rempli d'emplois publics, il existe un moyen de les juger. En effet, celui qui de toute la puissance de ses vœux appelle la persécution sur des hommes dont on ne saurait contester les vertus, la piété, la bonne foi, le respect et la soumission aux lois, ne saurait être un député tolérant. Celui qui ne veut pas que l'on prie ou que l'on s'habille d'une certaine façon, ne saurait être un ami de la liberté, le partisan de la Charte, le soutien du trône.

Il est des candidats qui vous donnent pour garantie de leurs principes la promesse de ne point accepter de titres ni de faveurs, comme si le seul fait de leur nomination devait à l'instant même attirer sur eux les faveurs, les emplois, les titres. Mais, Monsieur, que signifie cette promesse ? elle sert de garantie aux principes ? et qui me garantira la promesse ? c'est comme si l'on disait : la preuve que j'ai de bons principes, c'est que je n'accepterai point de places ; et la preuve que je n'accepterai point de places, c'est que j'ai de bons principes. C'est à merveille ! Rien de plus clair, de plus solide, de plus positif ! Mais enfin si votre candidat se laissait tenter un jour, quel moyen coërcitif employeriez-vous pour lui faire tenir sa promesse ?

Au surplus, j'admets que ces candidats, si désintéressés, tiendront religieusement leurs promesses. Que faut-il en conclure ? C'est que plus ils se montrent grands, nobles, sans ambition, plus il est urgent pour vous, pour la gloire et pour le bien de l'État que de tels hommes arrivent au pouvoir ; car ce sont surtout de tels hommes qu'il nous faut au timon des affaires ; et certes le ministère qui refuserait ou ne se hâterait pas de s'adjoindre des hommes semblables, serait un ministère absurde. Toutes ces promesses, Monsieur, sont donc inutiles, puisqu'elles sont illusoires. Dans un gouvernement représentatif, quand un parti l'emporte sur un autre, il faut bien que le vainqueur emploie ceux qui l'ont aidé dans son triomphe, sous peine de tomber presqu'aussitôt qu'il se serait élevé.

Pour moi, Monsieur, voici quelle conduite je tiendrais si j'étais électeur cette année : je choisirais dans mon pays même un homme d'un caractère et d'une probité reconnus ; d'un esprit ferme, sans peur et sans reproche, qui ne viendrait point rechercher mon suffrage, tout en protestant qu'il n'est point ambitieux. Si cet homme avait servi la république ou Bonaparte, je voudrais que ce fût sans avoir professé des doctrines démocratiques incompatibles avec la monarchie, ou sans avoir flatté le despotisme ; j'exigerais en outre que depuis la restauration il se fût franchement, irrévocablement rangé sous le drapeau de nos rois légitimes, et que sa conduite, depuis cette époque, fût le garant de sa conduite à venir. Je voudrais qu'il fût bien pénétré de cette vérité, que par le temps qui court nous avons moins besoin de protestations en faveur des droits du peuple, qu'en faveur des prérogatives de la couronne. Je voudrais qu'il ne fût jamais dans le cas d'affliger le cœur du meilleur, du plus bienfaisant des rois, par un *langage inconvenant et déplorable*. Je voudrais que ses opinions fussent si bien connues, que son dévouement aux Bourbons fût si bien constaté, qu'il n'eût pas besoin d'enregistrer longuement de vaines promesses qui ne lient pas, quoiqu'elles déshonorent quand on les oublie. Je voudrais que, tout en convenant de la nécessité d'une religion, il ne se conduisît pas de manière à prouver qu'il n'en possède aucune, s'il ne la pratiquait pas; car alors sa conduite ferait plus de mal que ses discours ne feraient de bien. Je le choisirais enfin parmi ceux qui veulent le Roi, la Charte et les honnêtes gens, et non parmi ceux qui, tout en parlant d'accuser M. de Villèle, sont les partisans de l'homme dont le pied a *glissé dans le sang*, et qui certes a fait pis que M. de Villèle.

Si les candidats dont vous me parlez, ressemblent au portrait que je viens de tracer d'un bon et loyal député, que vous preniez l'un ou que vous preniez l'autre, vous aurez toujours fait un bon choix.

J'ai l'honneur d'être, Monsieur, votre très humble et très obéissant serviteur,

PHILAREGE.

Enfin, Messieurs, me voilà donc au bout! Ce n'a pas été sans peine et sans crainte que j'y suis arrivé; mais en copiant la fin de la lettre de mon ami, M. Philarège, j'ai pensé que le portrait qu'il faisait d'un bon et loyal député ressemblait assez à celui de M. le comte Rolland d'Erceville, qui nous a représentés pendant huit ans, et dont je n'ai pas entendu que personne se soit jamais plaint; au contraire, il rendait souvent service, même à gens qui l'en ont assez mal récompensé. Je sais bien qu'il a depuis long-temps une charge à la cour; mais cette charge, après tout, ne nous coûte pas un sou à nous autres électeurs, et dans tous les cas, ce serait toujours une faveur de moins qu'il aurait à recevoir s'il était tenté de se laisser séduire. D'ailleurs, pourquoi ses promesses n'en vaudraient-elles pas d'autres pour nous qui les connaissons depuis si long-temps!

Une autre raison me détermine encore en sa faveur : c'est que quoique ressemblant au portrait que trace M. Philarege, le bon comte Rolland n'est pas jésuite, puisqu'il descend du parlement qui les a chassés, et quoi qu'en dise M. Philarege, ces jésuites me font grand'peur. On en dit tant sur eux qu'il faut bien qu'il y ait quelque chose de vrai dans tout cela. Je leur en veux surtout *d'avoir fait brûler cette pauvre pucelle d'Orléans qui sauva la France.*

Enfin, Messieurs, comme vous n'avez en vue, ainsi que moi, que le bien de l'État et la gloire de notre excellent roi, *j'aime à penser* que vous ne serez pas fâchés si je donne ma voix à M. d'Erceville.

Il est bien vrai qu'il n'a pas sollicité mon suffrage; mais enfin c'est un voisin, un honnête homme qui rend service quand il peut, qui ne néglige pas les petits intérêts de notre arrondissement, qui sert bien le Roi quoiqu'il n'ait pas de grandes liaisons avec les gens qui, m'assure-t-on, mènent aujourd'hui la Chambre par le bout du nez; ce qui serait bien déplorable si la chose était vraie, et que je ne saurais croire. Et tenez, Messieurs, si vous m'en croyez, au lieu de vous supplanter l'un l'autre, vous devriez au contraire vous unir tous deux à ceux que la reconnaissance et la certitude que ce choix ne peut qu'être excellent, engagent à nommer M. le comte Rolland d'Erceville.

J'ai l'honneur d'être, Messieurs,

Votre très humble et très obéissant serviteur,

HENRI J. MARÉCHAL.

A Montereau-Faut-Yonne, le 10 Mars 1828.

www.ingramcontent.com/pod-product-compliance
Lightning Source LLC
LaVergne TN
LVHW021529140926
848035LV00047B/1271
9782013038676